Libro de las preguntas

LIBROS PARA NIÑOS

MEDIA VACA
LIBROS PARA NIÑOS #14

dirige la colección : Vicente Ferrer

diseño gráfico : Alejandra Hidalgo

© de las imágenes, Isidro Ferrer 2006
© del texto, Fundación Pablo Neruda 1974
© de esta edición, Media Vaca 2006
© del comentario, Herrín Hidalgo 2006

1.ª edición : septiembre 2006 ; 4.000 ejs.
2.ª impresión : abril 2009 ; 2.000 ejs.
3.ª impresión : abril 2014 ; 2.000 ejs.
4.ª impresión : marzo 2018 ; 2.000 ejs.

depósito legal : V-276-2018

ISBN : 978-84-934038-7-4

impreso en Polonia / *printed in Poland*

fotografía : Xavier d'Arquer, dobleSTUDIO

imprime : Zapolex
ul. Józefa Sowińskiego 2/4
87-100 Toruń, Polonia
zapolex@zapolex.pl
www.zapolex.pl

edita : Media Vaca
calle Salamanca 49, puerta 13
46005 Valencia
tel.: (34) 96 395 69 27
mediavaca@mediavaca.net
www.mediavaca.com

un poema de
Pablo Neruda

Libro de las pre- guntas

ilustrado por
Isidro Ferrer

Media Vaca

I

Por qué los inmensos aviones
no se pasean con sus hijos?

Cuál es el pájaro amarillo
que llena el nido de limones?

Por qué no enseñan a sacar
miel del sol a los helicópteros?

Dónde dejó la luna llena
su saco nocturno de harina?

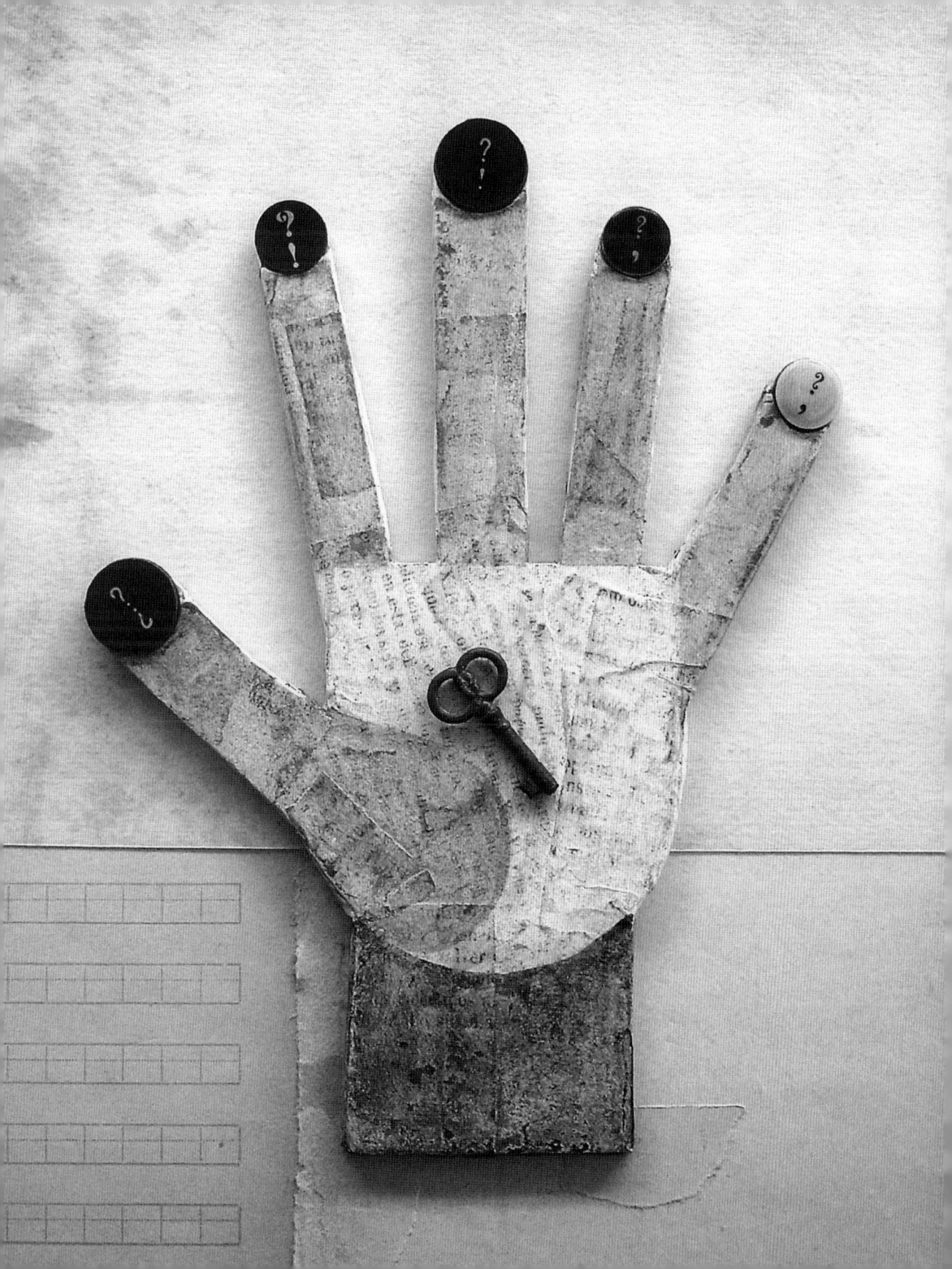

II

Si he muerto y no me he dado cuenta
a quién le pregunto la hora?

De dónde saca tantas hojas
la primavera de Francia?

Dónde puede vivir un ciego
a quien persiguen las abejas?

Si se termina el amarillo
con qué vamos a hacer el pan?

III

Dime, la rosa está desnuda
o sólo tiene ese vestido?

Por qué los árboles esconden
el esplendor de sus raíces?

Quién oye los remordimientos
del automóvil criminal?

Hay algo más triste en el mundo
que un tren inmóvil en la lluvia?

IV

Cuántas iglesias tiene el cielo?

Por qué no ataca el tiburón
a las impávidas sirenas?

Conversa el humo con las nubes?

Es verdad que las esperanzas
deben regarse con rocío?

V

Qué guardas bajo tu joroba?
dijo un camello a una tortuga.

Y la tortuga preguntó:
Qué conversas con las naranjas?

Tiene más hojas un peral
que *Buscando el Tiempo Perdido*?

Por qué se suicidan las hojas
cuando se sienten amarillas?

VI

Por qué el sombrero de la noche
vuela con tantos agujeros?

Qué dice la vieja ceniza
cuando camina junto al fuego?

Por qué lloran tanto las nubes
y cada vez son más alegres?

Para quién arden los pistilos
del sol en sombra del eclipse?

Cuántas abejas tiene el día?

VII

Es paz la paz de la paloma?
El leopardo hace la guerra?

Por qué enseña el profesor
la geografía de la muerte?

Qué pasa con las golondrinas
que llegan tarde al colegio?

Es verdad que reparten cartas
transparentes, por todo el cielo?

VIII

Qué cosa irrita a los volcanes
que escupen fuego, frío y furia?

Por qué Cristóbal Colón
no pudo descubrir a España?

Cuántas preguntas tiene un gato?

Las lágrimas que no se lloran
esperan en pequeños lagos?

O serán ríos invisibles
que corren hacia la tristeza?

IX

Es este mismo el sol de ayer
o es otro el fuego de su fuego?

Cómo agradecer a las nubes
esa abundancia fugitiva?

De dónde viene el nubarrón
con sus sacos negros de llanto?

Dónde están los nombres aquellos
dulces como tortas de antaño?

Dónde se fueron las Donaldas,
las Clorindas, las Eduvigis?

X

Qué pensarán de mi sombrero,
en cien años más, los polacos?

Qué dirán de mi poesía
los que no tocaron mi sangre?

Cómo se mide la espuma
que resbala de la cerveza?

Qué hace una mosca encarcelada
en un soneto de Petrarca?

XI

Hasta cuándo hablan los demás
si ya hemos hablado nosotros?

Qué diría José Martí
del pedagogo Marinello?

Cuántos años tiene Noviembre?

Qué sigue pagando el Otoño
con tanto dinero amarillo?

Cómo se llama ese *cocktail*
que mezcla vodka con relámpagos?

XII

Y a quién le sonríe el arroz
con infinitos dientes blancos?

Por qué en las épocas oscuras
se escribe con tinta invisible?

Sabe la bella de Caracas
cuántas faldas tiene la rosa?

Por qué me pican las pulgas
y los sargentos literarios?

XIII

Es verdad que sólo en Australia
hay cocodrilos voluptuosos?

Cómo se reparten el sol
en el naranjo las naranjas?

Venía de una boca amarga
la dentadura de la sal?

Es verdad que vuela de noche
sobre mi patria un cóndor negro?

XIV

Y qué dijeron los rubíes
ante el jugo de las granadas?

Pero por qué no se convence
el Jueves de ir después del Viernes?

Quiénes gritaron de alegría
cuando nació el color azul?

Por qué se entristece la tierra
cuando aparecen las violetas?

XV

Pero es verdad que se prepara
la insurrección de los chalecos?

Por qué otra vez la Primavera
ofrece sus vestidos verdes?

Por qué ríe la agricultura
del llanto pálido del cielo?

Cómo logró su libertad
la bicicleta abandonada?

XVI

Trabajan la sal y el azúcar
construyendo una torre blanca?

Es verdad que en el hormiguero
los sueños son obligatorios?

Sabes qué meditaciones
rumia la tierra en el otoño?

(Por qué no dar una medalla
a la primera hoja de oro?)

XVII

Te has dado cuenta que el Otoño
es como una vaca amarilla?

Y cómo la bestia otoñal
es luego un oscuro esqueleto?

Y cómo el Invierno acumula
tantos azules lineales?

Y quién pidió a la Primavera
su monarquía transparente?

XVIII

Cómo conocieron las uvas
la propaganda del racimo?

Y sabes lo que es más difícil
entre granar y desgranar?

Es malo vivir sin infierno:
no podemos reconstruirlo?

Y colocar al triste Nixon
con el traste sobre el brasero?

Quemándolo a fuego pausado
con napalm norteamericano?

XIX

Han contado el oro que tiene
el territorio del maíz?

Sabes que es verde la neblina
a mediodía, en Patagonia?

Quién canta en el fondo del agua
en la laguna abandonada?

De qué ríe la sandía
cuando la están asesinando?

XX

Es verdad que el ámbar contiene
las lágrimas de las sirenas?

Cómo se llama una flor
que vuela de pájaro en pájaro?

No es mejor nunca que tarde?

Y por qué el queso se dispuso
a ejercer proezas en Francia?

XXI

Y cuando se fundó la luz
esto sucedió en Venezuela?

Dónde está el centro del mar?
Por qué no van allí las olas?

Es cierto que aquel meteoro
fue una paloma de amatista?

Puedo preguntar a mi libro
si es verdad que yo lo escribí?

XXII

Amor, amor aquel y aquella,
si ya no son, dónde se fueron?

Ayer, ayer dije a mis ojos
cuándo volveremos a vernos?

Y cuando se muda el paisaje
son tus manos o son tus guantes?

Cuando canta el azul del agua
cómo huele el rumor del cielo?

XXIII

Se convierte en pez volador
si transmigra la mariposa?

Entonces no era verdad
que vivía Dios en la luna?

De qué color es el olor
del llanto azul de las violetas?

Cuántas semanas tiene un día
y cuántos años tiene un mes?

XXIV

El 4 es 4 para todos?
Son todos los sietes iguales?

Cuando el preso piensa en la luz
es la misma que te ilumina?

Has pensado de qué color
es el Abril de los enfermos?

Qué monarquía occidental
se embandera con amapolas?

XXV

Por qué para esperar la nieve
se ha desvestido la arboleda?

Y cómo saber cuál es Dios
entre los Dioses de Calcuta?

Por qué viven tan harapientos
todos los gusanos de seda?

Por qué es tan dura la dulzura
del corazón de la cereza?

Es porque tiene que morir
o porque tiene que seguir?

XXVI

Aquel solemne Senador
que me atribuía un castillo

devoró ya con su sobrino
la torta del asesinato?

A quién engaña la magnolia
con su fragancia de limones?

Dónde deja el puñal el águila
cuando se acuesta en una nube?

XXVII

Murieron tal vez de vergüenza
estos trenes que se extraviaron?

Quién ha visto nunca el acíbar?

Dónde se plantaron los ojos
del camarada Paul Éluard?

Hay sitio para unas espinas?
le preguntaron al rosal.

XXVIII

Por qué no recuerdan los viejos
las deudas ni las quemaduras?

Era verdad aquel aroma
de la doncella sorprendida?

Por qué los pobres no comprenden
apenas dejan de ser pobres?

Dónde encontrar una campana
que suene adentro de tus sueños?

XXIX

Qué distancia en metros redondos
hay entre el sol y las naranjas?

Quién despierta al sol cuando duerme
sobre su cama abrasadora?

Canta la tierra como un grillo
entre la música celeste?

Verdad que es ancha la tristeza,
delgada la melancolía?

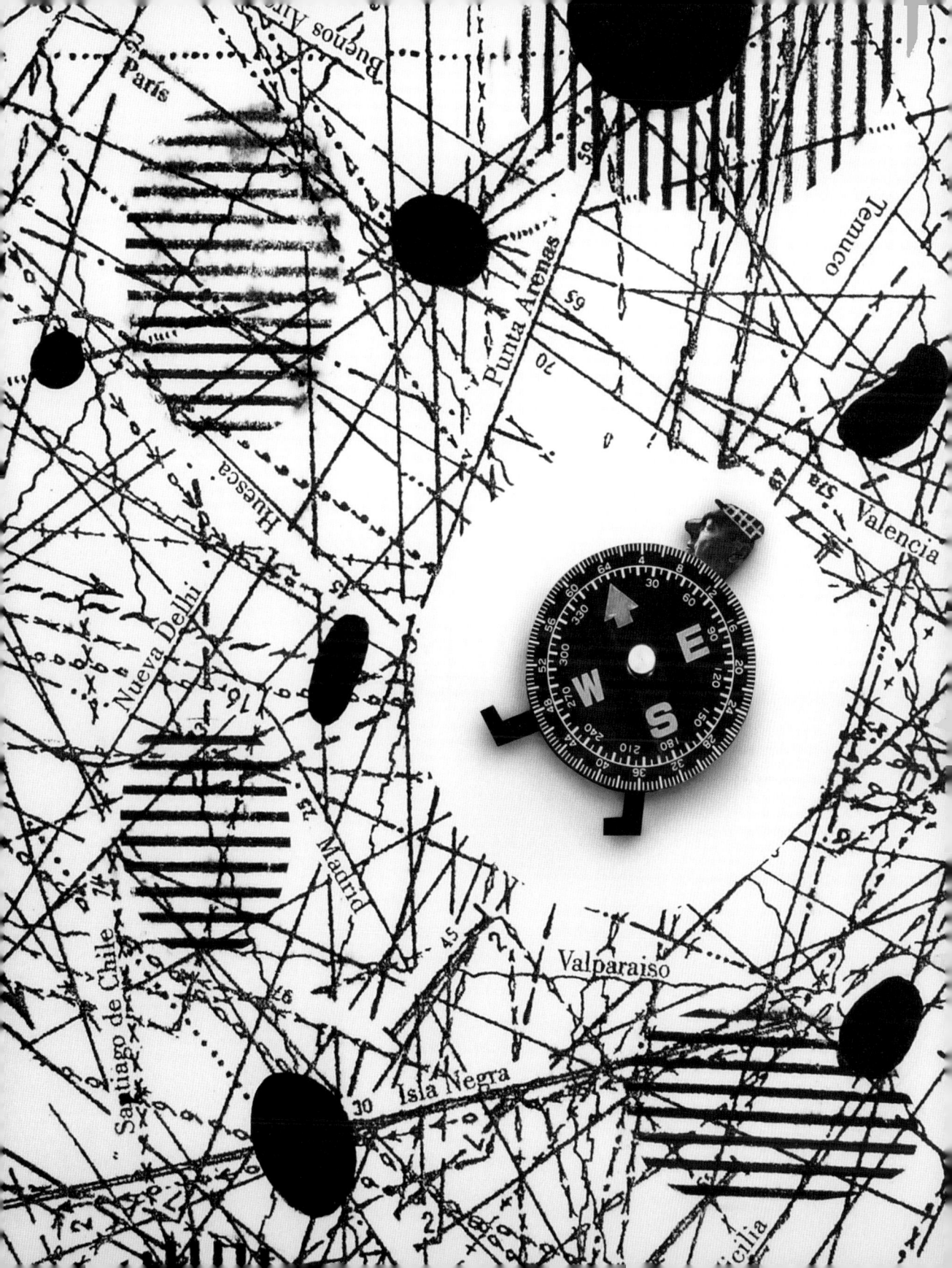

XXX

Cuando escribió su libro azul
Rubén Darío no era verde?

No era escarlata Rimbaud,
Góngora de color violeta?

Y Victor Hugo tricolor?
Y yo a listones amarillos?

Se juntan todos los recuerdos
de los pobres de las aldeas?

Y en una caja mineral
guardaron sus sueños los ricos?

XXXI

A quién le puedo preguntar
qué vine a hacer en este mundo?

Por qué me muevo sin querer,
por qué no puedo estar inmóvil?

Por qué voy rodando sin ruedas,
volando sin alas ni plumas,

y qué me dio por transmigrar
si viven en Chile mis huesos?

XXXII

Hay algo más tonto en la vida
que llamarse Pablo Neruda?

Hay en el cielo de Colombia
un coleccionista de nubes?

Por qué siempre se hacen en Londres
los congresos de los paraguas?

Sangre color de amaranto
tenía la reina de Saba?

Cuando lloraba Baudelaire
lloraba con lágrimas negras?

XXXIII

Y por qué el sol es tan mal amigo
del caminante en el desierto?

Y por qué el sol es tan simpático
en el jardín del hospital?

Son pájaros o son peces
en estas redes de la luna?

Fue adonde a mí me perdieron
que logré por fin encontrarme?

XXXIV

Con las virtudes que olvidé
me puedo hacer un traje nuevo?

Por qué los ríos mejores
se fueron a correr en Francia?

Por qué no amanece en Bolivia
desde la noche de Guevara?

Y busca allí a los asesinos
su corazón asesinado?

Tienen primero gusto a lágrimas
las uvas negras del desierto?

XXXV

No será nuestra vida un túnel
entre dos vagas claridades?

O no será una claridad
entre dos triángulos oscuros?

O no será la vida un pez
preparado para ser pájaro?

La muerte será de no ser
o de sustancias peligrosas?

XXXVI

No será la muerte por fin
una cocina interminable?

Qué harán tus huesos disgregados,
buscarán otra vez tu forma?

Se fundirá tu destrucción
en otra voz y en otra luz?

Formarán parte tus gusanos
de perros o de mariposas?

XXXVII

De tus cenizas nacerán
checoeslovacos o tortugas?

Tu boca besará claveles
con otros labios venideros?

Pero sabes de dónde viene
la muerte, de arriba o de abajo?

De los microbios o los muros,
de las guerras o del invierno?

XXXVIII

No crees que vive la muerte
dentro del sol de una cereza?

No puede matarte también
un beso de la primavera?

Crees que el luto te adelanta
la bandera de tu destino?

Y encuentras en la calavera
tu estirpe a hueso condenada?

XXXIX

No sientes también el peligro
en la carcajada del mar?

No ves en la seda sangrienta
de la amapola una amenaza?

No ves que florece el manzano
para morir en la manzana?

No lloras rodeado de risa
con las botellas del olvido?

XL

A quién el cóndor andrajoso
da cuenta de su cometido?

Cómo se llama la tristeza
en una oveja solitaria?

Y qué pasa en el palomar
si aprenden canto las palomas?

Si las moscas fabrican miel
ofenderán a las abejas?

XLI

Cuánto dura un rinoceronte
después de ser enternecido?

Qué cuentan de nuevo las hojas
de la reciente primavera?

Las hojas viven en invierno
en secreto, con las raíces?

Qué aprendió el árbol de la tierra
para conversar con el cielo?

XLII

Sufre más el que espera siempre
que aquel que nunca esperó a nadie?

Dónde termina el arco iris,
en tu alma o en el horizonte?

Tal vez una estrella invisible
será el cielo de los suicidas?

Dónde están las viñas de hierro
de donde cae el meteoro?

XLIII

Quién era aquella que te amó
en el sueño, cuando dormías?

Dónde van las cosas del sueño?
Se van al sueño de los otros?

Y el padre que vive en los sueños
vuelve a morir cuando despiertas?

Florecen las plantas del sueño
y maduran sus graves frutos?

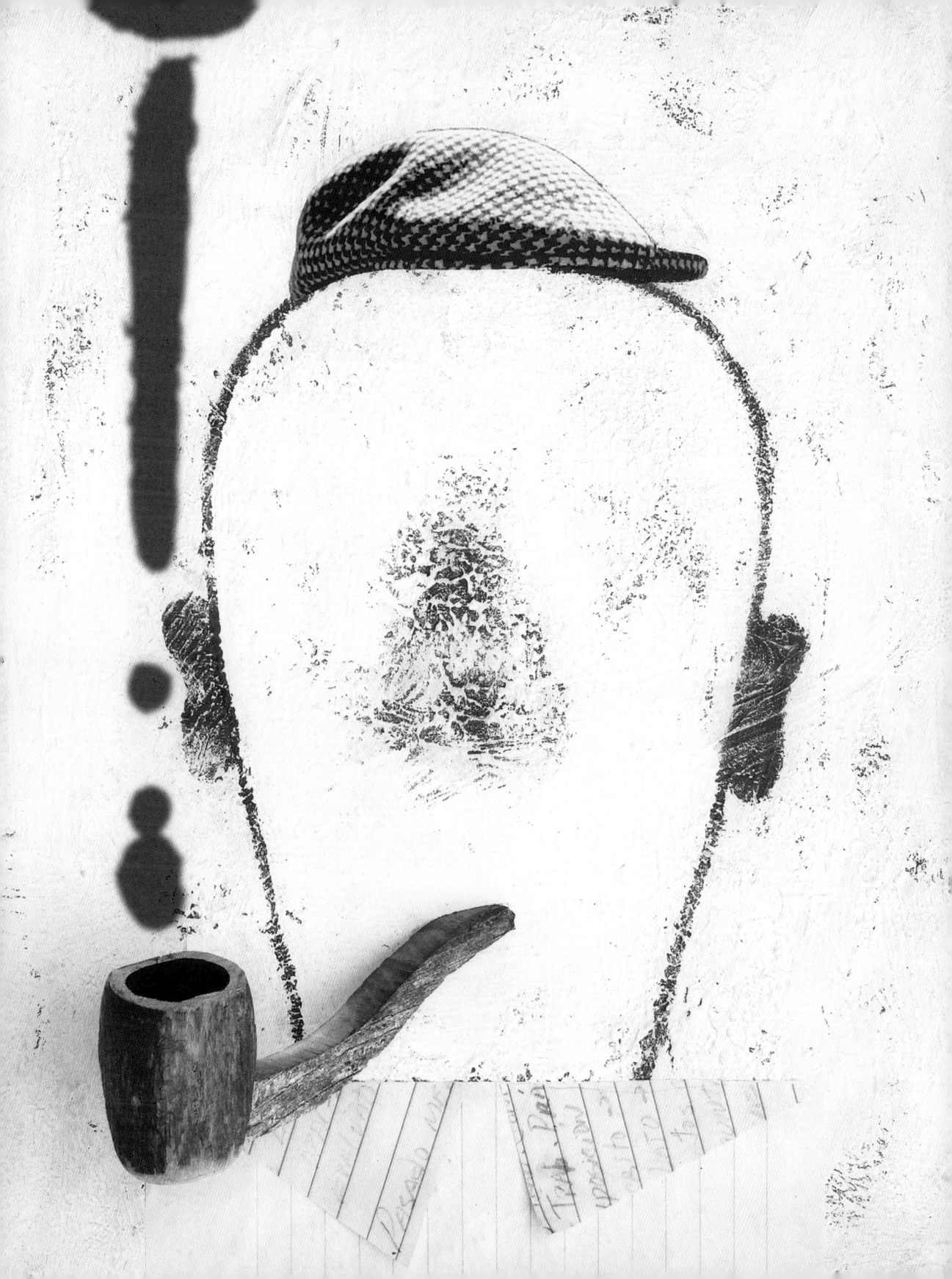

XLIV

Dónde está el niño que yo fui,
sigue adentro de mí o se fue?

Sabe que no lo quise nunca
y que tampoco me quería?

Por qué anduvimos tanto tiempo
creciendo para separarnos?

Por qué no morimos los dos
cuando mi infancia se murió?

Y si el alma se me cayó
por qué me sigue el esqueleto?

XLV

El amarillo de los bosques
es el mismo del año ayer?

Y se repite el vuelo negro
de la tenaz ave marina?

Y donde termina el espacio
se llama muerte o infinito?

Qué pesan más en la cintura,
los dolores o los recuerdos?

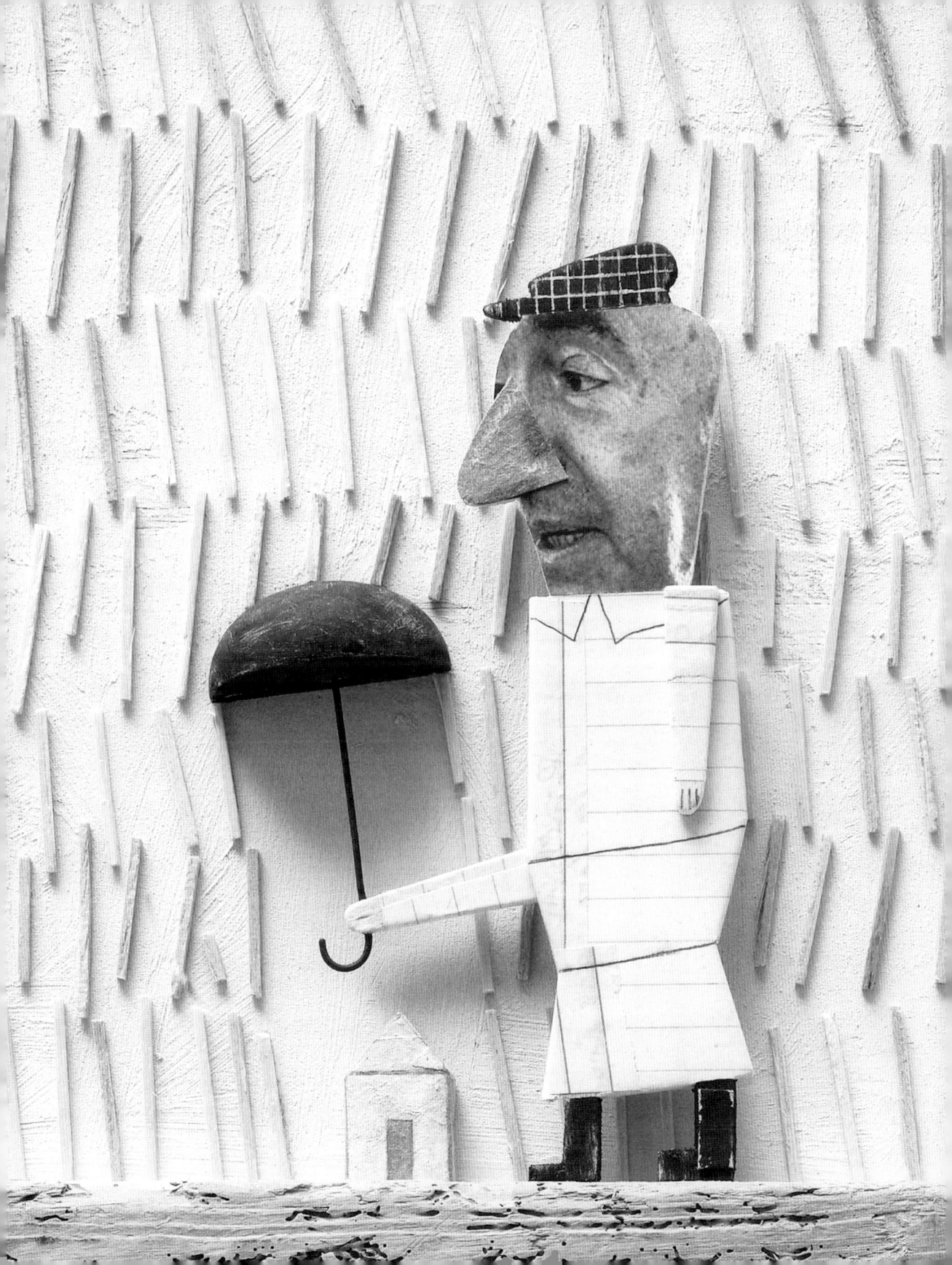

XLVI

Y cómo se llama ese mes
que está entre Diciembre y Enero?

Con qué derecho numeraron
las doce uvas del racimo?

Por qué no nos dieron extensos
meses que duren todo el año?

No te engañó la primavera
con besos que no florecieron?

XLVII

Oyes en medio del otoño
detonaciones amarillas?

Por qué razón o sinrazón
llora la lluvia su alegría?

Qué pájaros dictan el orden
de la bandada cuando vuela?

De qué suspende el picaflor
su simetría deslumbrante?

XLVIII

Son los senos de las sirenas
las redondescas caracolas?

O son olas petrificadas
o juego inmóvil de la espuma?

No se ha incendiado la pradera
con las luciérnagas salvajes?

Los peluqueros del otoño
despeinaron los crisantemos?

XLIX

Cuando veo de nuevo el mar
el mar me ha visto o no me ha visto?

Por qué me preguntan las olas
lo mismo que yo les pregunto?

Y por qué golpean la roca
con tanto entusiasmo perdido?

No se cansan de repetir
su declaración a la arena?

L

Quién puede convencer al mar
para que sea razonable?

De qué le sirve demoler
ámbar azul, granito verde?

Y para qué tantas arrugas
y tanto agujero en la roca?

Yo llegué de detrás del mar
y dónde voy cuando me ataja?

Por qué me he cerrado el camino
cayendo en la trampa del mar?

LI

Por qué detesto las ciudades
con olor a mujer y orina?

No es la ciudad el gran océano
de los colchones que palpitan?

La oceanía de los aires
no tiene islas y palmeras?

Por qué volví a la indiferencia
del océano desmedido?

LII

Cuánto medía el pulpo negro
que oscureció la paz del día?

Eran de hierro sus ramales
y de fuego muerto sus ojos?

Y la ballena tricolor
por qué me atajó en el camino?

LIII

Quién devoró frente a mis ojos
un tiburón lleno de pústulas?

Tenía la culpa el escualo
o los peces ensangrentados?

Es el orden o la batalla
este quebranto sucesivo?

LIV

Es verdad que las golondrinas
van a establecerse en la luna?

Se llevarán la primavera
sacándola de las cornisas?

Se alejarán en el otoño
las golondrinas de la luna?

Buscarán muestras de bismuto
a picotazos en el cielo?

Y a los balcones volverán
espolvoreadas de ceniza?

LV

Por qué no mandan a los topos
y a las tortugas a la luna?

Los animales ingenieros
de cavidades y ranuras

no podrían hacerse cargo
de estas lejanas inspecciones?

LVI

No crees que los dromedarios
preservan luna en sus jorobas?

No la siembran en los desiertos
con persistencia clandestina?

Y no estará prestado el mar
por un corto tiempo a la tierra?

No tendremos que devolverlo
con sus mareas a la luna?

LVII

No será bueno prohibir
los besos interplanetarios?

Por qué no analizar las cosas
antes de habilitar planetas?

Y por qué no el ornitorrinco
con su espacial indumentaria?

Las herraduras no se hicieron
para caballos de la luna?

LVIII

Y qué palpitaba en la noche?
Eran planetas o herraduras?

Debo escoger esta mañana
entre el mar desnudo y el cielo?

Y por qué el cielo está vestido
tan temprano con sus neblinas?

Qué me esperaba en Isla Negra?
La verdad verde o el decoro?

LIX

Por qué no nací misterioso?
Por qué crecí sin compañía?

Quién me mandó desvencijar
las puertas de mi propio orgullo?

Y quién salió a vivir por mí
cuando dormía o enfermaba?

Qué bandera se desplegó
allí donde no me olvidaron?

LX

Y qué importancia tengo yo
en el tribunal del olvido?

Cuál es la representación
del resultado venidero?

Es la semilla cereal
con su multitud amarilla?

O es el corazón huesudo
el delegado del durazno?

LXI

La gota viva del azogue
corre hacia abajo o hacia siempre?

Mi poesía desdichada
mirará con los ojos míos?

Tendré mi olor y mis dolores
cuando yo duerma destruido?

LXII

Qué significa persistir
en el callejón de la muerte?

En el desierto de la sal
cómo se puede florecer?

En el mar del no pasa nada
hay vestido para morir?

Cuando ya se fueron los huesos
quién vive en el polvo final?

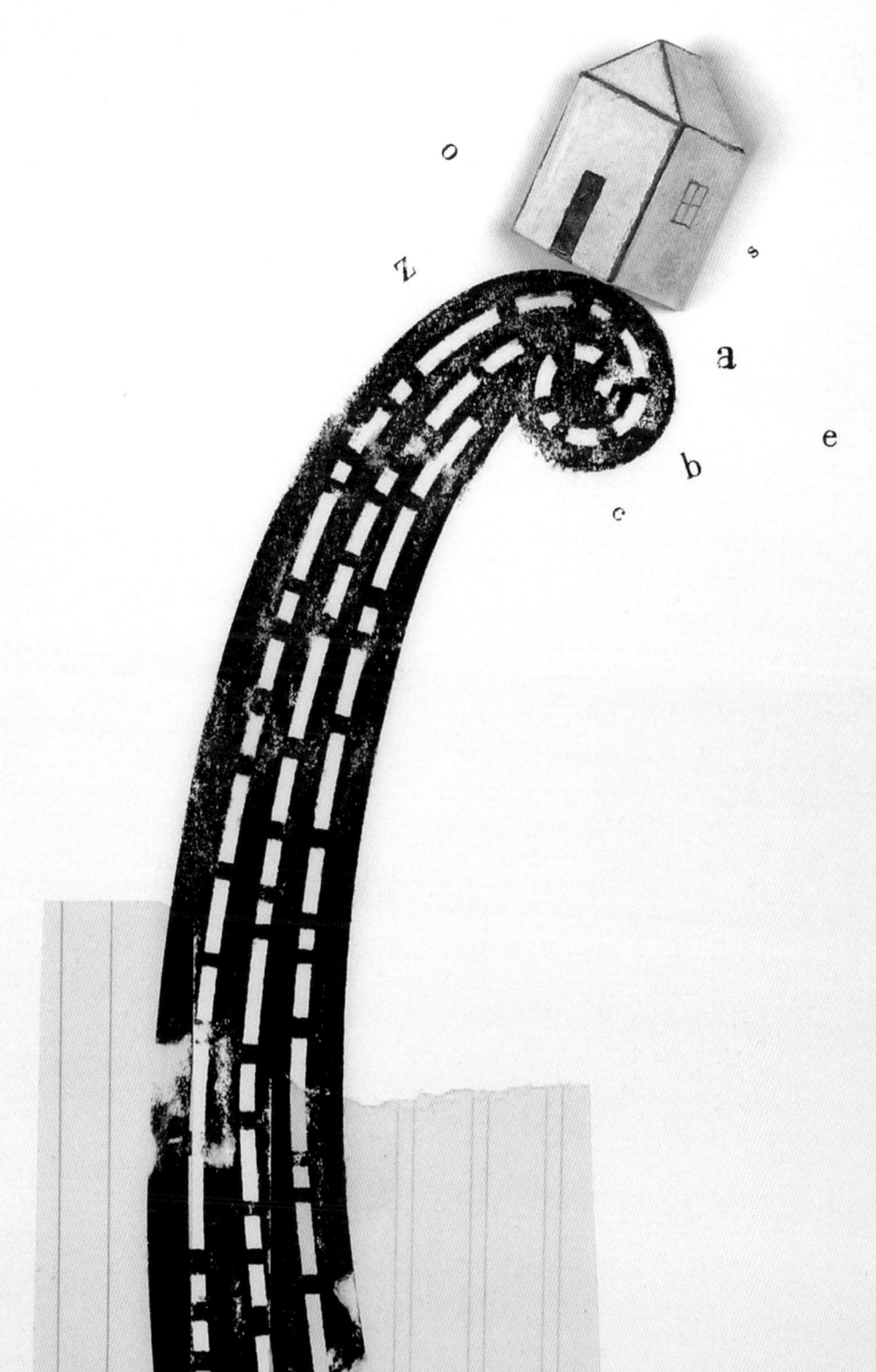

LXIII

Cómo se acuerda con los pájaros
la traducción de sus idiomas?

Cómo le digo a la tortuga
que yo le gano en lentitud?

Cómo le pregunto a la pulga
las cifras de su campeonato?

Y a los claveles qué les digo
agradeciendo su fragancia?

LXIV

Por qué mi ropa desteñida
se agita como una bandera?

Soy un malvado alguna vez
o todas las veces soy bueno?

Es que se aprende la bondad
o la máscara de la bondad?

No es blanco el rosal del malvado
y negras las flores del bien?

Quién da los nombres y los números
al inocente innumerable?

LXV

Brilla la gota de metal
como una sílaba en mi canto?

Y no se arrastra una palabra
a veces como una serpiente?

No crepitó en tu corazón
un nombre como una naranja?

De qué río salen los peces?
De la palabra *platería*?

Y no naufragan los veleros
por un exceso de vocales?

LXVI

Echan humo, fuego y vapor
las o de las locomotoras?

En qué idioma cae la lluvia
sobre ciudades dolorosas?

Qué suaves sílabas repite
el aire del alba marina?

Hay una estrella más abierta
que la palabra *amapola*?

Hay dos colmillos más agudos
que las sílabas de *chacal*?

LXVII

Puedes amarme, silabaria,
y darme un beso sustantivo?

Un diccionario es un sepulcro
o es un panal de miel cerrado?

En qué ventana me quedé
mirando el tiempo sepultado?

O lo que miro desde lejos
es lo que no he vivido aún?

LXVIII

Cuándo lee la mariposa
lo que vuela escrito en sus alas?

Qué letras conoce la abeja
para saber su itinerario?

Y con qué cifras va restando
la hormiga sus soldados muertos?

Cómo se llaman los ciclones
cuando no tienen movimiento?

LXIX

Caen pensamientos de amor
en los volcanes extinguidos?

Es un cráter una venganza
o es un castigo de la tierra?

Con qué estrellas siguen hablando
los ríos que no desembocan?

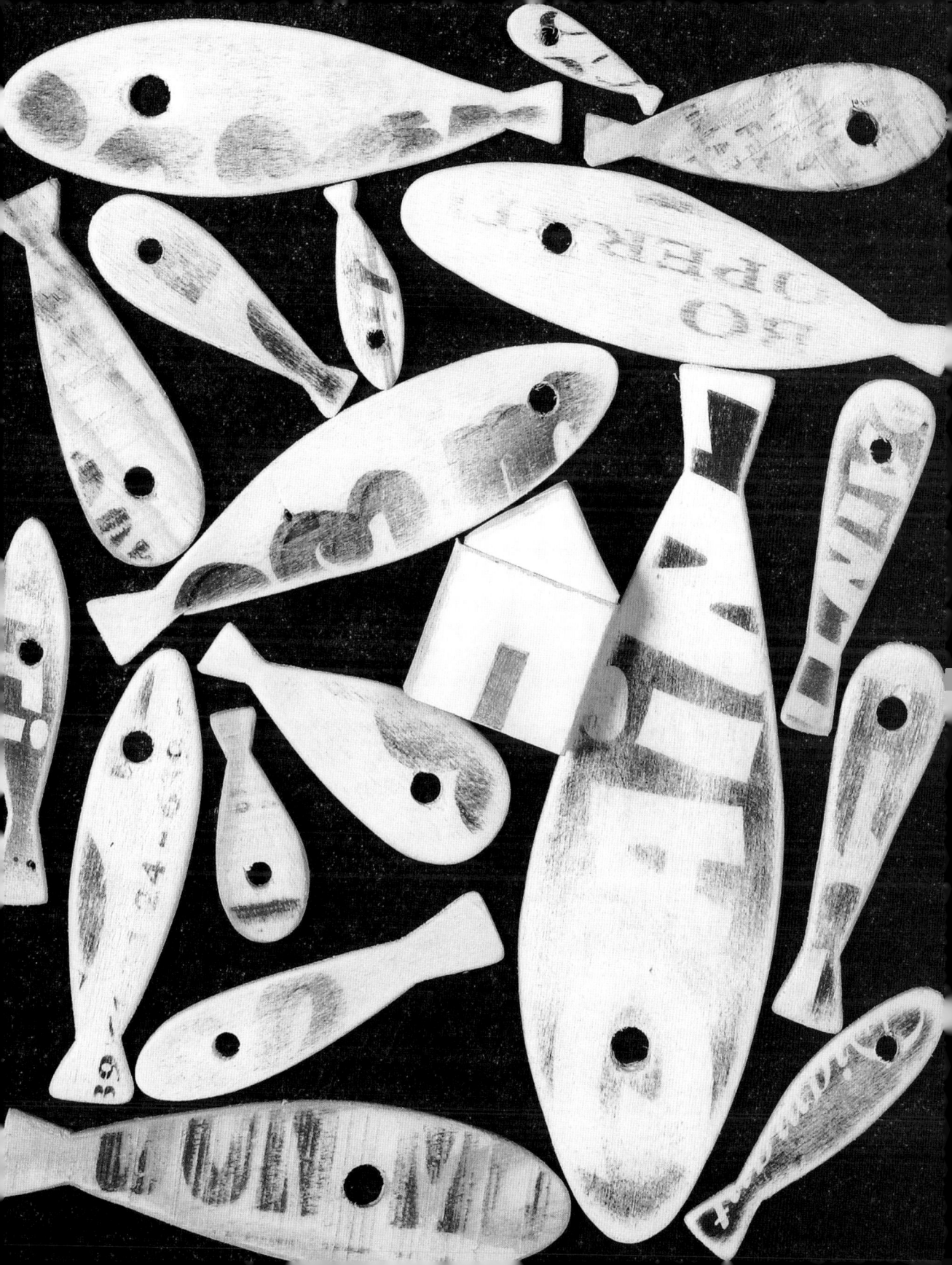

LXX

Cuál es el trabajo forzado
de Hitler en el infierno?

Pinta paredes o cadáveres?
Olfatea el gas de sus muertos?

Le dan a comer las cenizas
de tantos niños calcinados?

O le han dado desde su muerte
de beber sangre en un embudo?

O le martillan en la boca
los arrancados dientes de oro?

LXXI

O le acuestan para dormir
sobre sus alambres de púas?

O le están tatuando la piel
para lámparas del infierno?

O lo muerden sin compasión
los negros mastines del fuego?

O debe de noche y de día
viajar sin tregua con sus presos?

O debe morir sin morir
eternamente bajo el gas?

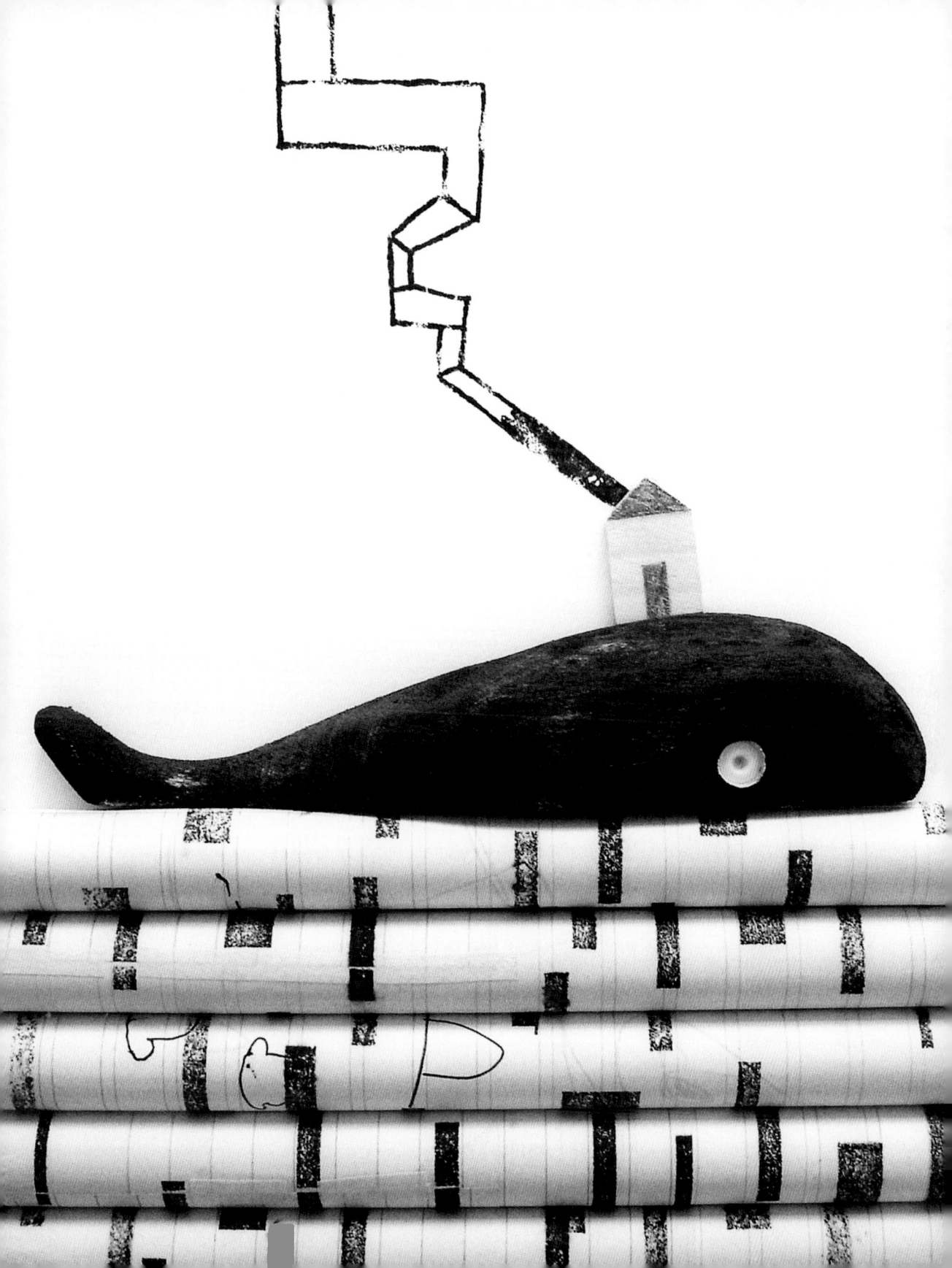

LXXII

Si todos los ríos son dulces
de dónde saca sal el mar?

Cómo saben las estaciones
que deben cambiar de camisa?

Por qué tan lentas en invierno
y tan palpitantes después?

Y cómo saben las raíces
que deben subir a la luz?

Y luego saludar al aire
con tantas flores y colores?

Siempre es la misma primavera
la que repite su papel?

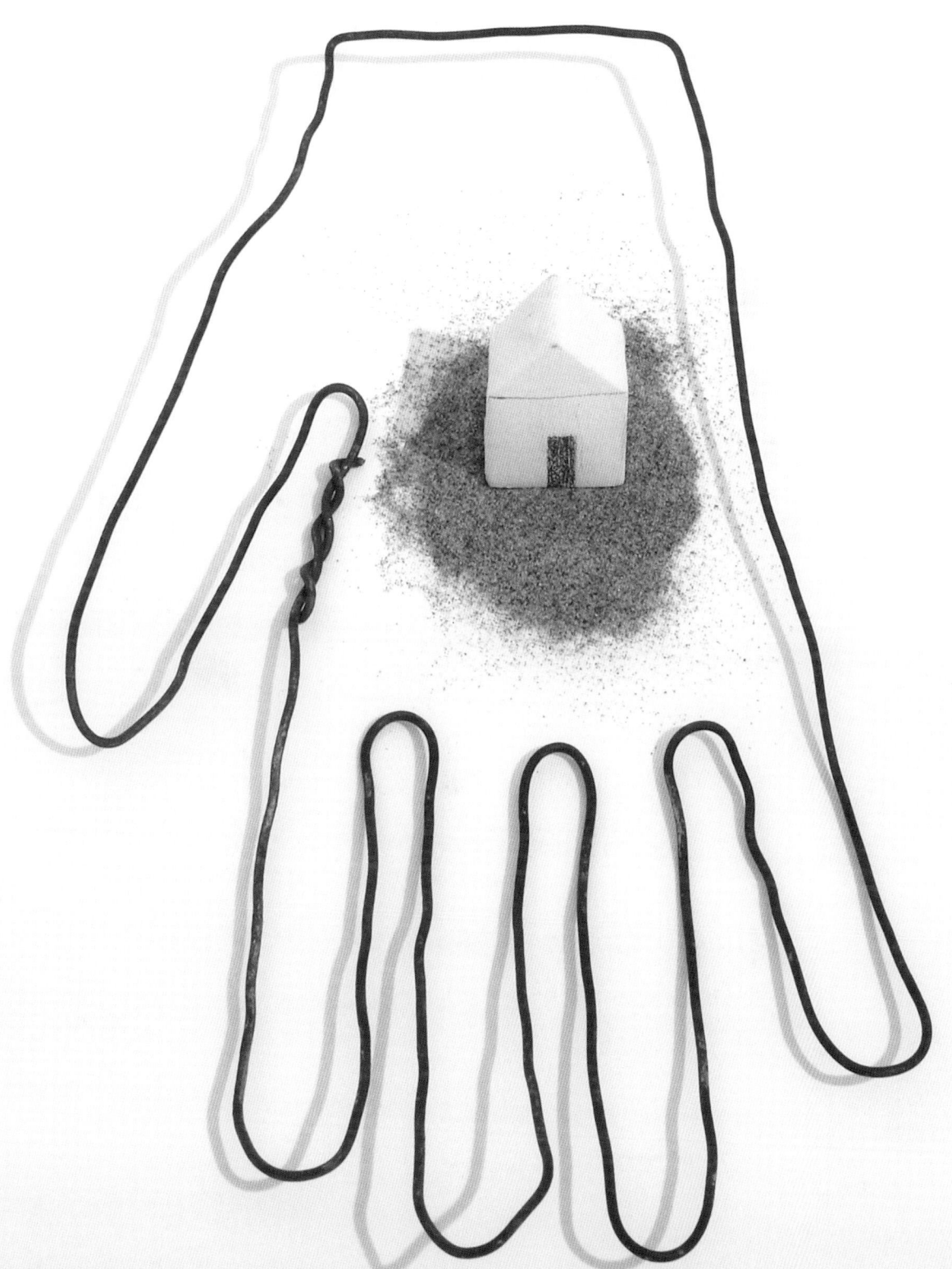

LXXIII

Quién trabaja más en la tierra,
el hombre o el sol cereal?

Entre el abeto y la amapola
a quién la tierra quiere más?

Entre las orquídeas y el trigo
para cuál es la preferencia?

Por qué tanto lujo a una flor
y un oro sucio para el trigo?

Entra el Otoño legalmente
o es una estación clandestina?

LXXIV

Por qué se queda en los ramajes
hasta que las hojas se caen?

Y dónde se quedan colgados
sus pantalones amarillos?

Verdad que parece esperar
el Otoño que pase algo?

Tal vez el temblor de una hoja
o el tránsito del universo?

Hay un imán bajo la tierra,
imán hermano del Otoño?

Cuándo se dicta bajo tierra
la designación de la rosa?

abeja II, VI, XL, LXVIII
abeto LXXIII
abril XXIV
abundancia IX
acíbar XXVII
agricultura XV
agua XIX, XXII
águila XXVI
agujeros VI, L
aire LI, LXVI, LXXII
alambres de púas LXXI
alas XXXI, LXVIII
alba LXVI
aldeas XXX
alegres VI
alegría XIV, XLVII
alma XLII, XLIV
amapola XXIV, XXXIX, LXVI, LXXIII
amaranto XXXII
amarillo I, II, V, XI, XVII, XXX, XLV,
   XLVII, LX, LXXIV
amatista XXI
ámbar XX, L
amenaza XXXIX
amigo XXXIII
amor XXII, LXIX
andrajoso XL
animales LV
antaño IX
año X, XI, XXIII, XLV, XLVI
árbol III, XLI
arboleda XXV
arco iris XLII
arena XLIX
aroma XXVIII
arroz XII
arrugas L
asesinato XXVI
asesinos XXXIV
Australia XIII
automóvil III

ave marina XLV
aviones I
ayer IX, XXII, XLV
azogue LXI
azúcar XVI
azul XIV, XVII, XXII, XXIII, XXX, L
balcones LIV
ballena LII
bandera XXXVIII, LIX, LXIV
batalla LIII
Baudelaire XXXII
bella XII
besos XXXVIII, XLVI, LXVII
besos interplanetarios LVII
bestia XVII
bicicleta XV
bismuto LIV
blanco XII, XVI, LXIV
boca XIII, XXXVII, LXX
Bolivia XXXIV
bondad LXIV
bosques XLV
botellas XXXIX
brasero XVIII
bueno LVII, LXIV
Buscando el tiempo perdido V
caballos LVII
cadáveres LXX
calavera XXXVIII
Calcuta XXV
callejón LXII
cama XXIX
camarada XXVII
camello V
caminante XXXIII
camino L, LII
camisa LXXII
campana XXVIII
campeonato LXIII
canto LXV
Caracas XII

caracolas XLVIII
carcajada XXXIX
cartas VII
castigo LXIX
castillo XXVI
cavidades LV
ceniza VI, XXXVII, LIV, LXX
cereal LX, LXXIII
cereza XXV, XXXVIII
cerveza X
chacal LXVI
chalecos XV
checoeslovacos XXXVII
Chile XXXI
ciclones LXVIII
ciego II
cielo IV, VII, XV, XXII, XXXII,
   XLI, XLII, LIV, LVIII
cifras LXIII, LXVIII
cintura XLV
ciudad LI, LXVI
claridad XXXV
claveles XXXVII, LXIII
Clorindas IX
cocina XXXVI
cocktail XI
cocodrilos XIII
colchones LI
coleccionista XXXII
colegio VII
colmillos LXVI
Colombia XXXII
color XIV, XXIII, XXIV, XXX,
   XXXII, LXXII
compañía LIX
cóndor XIII, XL
congresos XXXII
corazón XXV, XXXIV, LX, LXV
cornisas LIV
cosas LVII, XLIII
cráter LXIX

criminal III
crisantemos XLVIII
Cristóbal Colón VIII
decoro LVIII
dentadura XIII
desierto XXXIII, XXXIV, LVI, LXII
desnuda III
destino XXXVIII
destrucción XXXVI
detonaciones XLVII
deudas XXVIII
día VI, XXIII, LII, LXXI
diccionario LXVII
diciembre XLVI
dientes XII, LXX
dinero XI
Dios XXIII, XXV
distancia XXIX
dolores XLV, LXI
Donaldas IX
doncella XXVIII
dromedarios LVI
dulces IX, LXXII
dulzura XXV
durazno LX
eclipse VI
Eduvigis IX
embudo LXX
enero XLVI
enfermos XXIV
entusiasmo XLIX
épocas XII
escarlata XXX
escualo LIII
espacio XLV
España VIII
esperanzas IV
espinas XXVII
espuma X, XLVIII
esqueleto XVII, XLIV
estación LXXII, LXXIII

estrella XLII, LXVI, LXIX
faldas XII
flor XX, LXIV, LXXIII
florecer LXII
forma XXXVI
fragancia XXVI, LXIII
Francia II, XX, XXXIV
frío VIII
frutos XLIII
fuego VI, VIII, IX, XVIII, LII, LXVI, LXXI
furia VIII
gas LXX, LXXI
gato VIII
geografía VII
golondrinas VII, LIV
Góngora XXX
gota LXI, LXV
granadas XIV
granito L
grillo XXIX
guantes XXII
guerra VII, XXXVII
Guevara XXXIV
gusanos XXV, XXXVI
harapientos XXV
harina I
helicópteros I
hermano LXXIV
herraduras LVII, LVIII
hierro XLII, LII
hijos I
Hitler LXX
hojas II, V, XVI, XLI, LXXIV
hombre LXXIII
hora II
horizonte XLII
hormiga LXVIII
hormiguero XVI
hospital XXXIII
huesos XXXI, XXXVI, XXXVIII, LXII

huesudo LX
humo IV, LXVI
idioma LXIII, LXVI
iglesias IV
imán LXXIV
indiferencia LI
indumentaria LVII
infancia XLIV
infierno XVIII, LXX, LXXI
infinito XII, XLV
ingenieros LV
inmóvil III, XXXI, XLVIII
innumerable LXIV
inocente LXIV
inspecciones LV
insurrección XV
invierno XVII, XXXVII, XLI, LXXII
invisible VIII, XII, XLII
Isla Negra LVIII
islas LI
itinerario LXVIII
jardín XXXIII
joroba V, LVI
José Martí XI
juego XLVIII
jueves XIV
jugo XIV
labios XXXVII
lagos VIII
lágrimas VIII, XX, XXXII, XXXIV
laguna XIX
lámparas LXXI
lejos LXVII
lentitud LXIII
leopardo VII
letras LXVIII
libertad XV
libro XXI
limones I, XXVI
llanto IX, XV, XXIII
lluvia III, XLVII, LXVI

locomotoras LXVI
Londres XXXII
luciérnagas XLVIII
lujo LXXIII
luna I, XXIII, XXXIII, LIV, LV, LVI, LVII
luto XXXVIII
luz XXI, XXIV, XXXVI, LXXII
magnolia XXVI
maíz XIX
malvado LXIV
manos XXII
manzana XXXIX
manzano XXXIX
mar XXI, XXXIX, XLIX, L, LVI, LVIII, LXII, LXXII
mareas LVI
Marinello XI
mariposa XXIII, XXXVI, LXVIII
máscara LXIV
mastines LXXI
medalla XVI
mediodía XIX
meditaciones XVI
melancolía XXIX
mes XXIII, XLVI
meteoro XXI, XLII
metros redondos XXIX
microbios XXXVII
miel I, XL, LXVII
mineral XXX
misterioso LIX
monarquía XVII, XXIV
morir XXV, XXXIX, XLIII, LXII, LXXI
mosca X, XL
movimiento LXVIII
muerte VII, XXXV, XXXVI, XXXVII, XXXVIII, XLV, LXII, LXX
muerto II, LII, LXVIII, LXX
mujer LI
multitud LX
mundo III, XXXI

muros XXXVII
música celeste XXIX
nada LXII
napalm XVIII
naranja V, XIII, XXIX, LXV
naranjo XIII
neblina XIX, LVIII
negro IX, XIII, XXXII, XXXIV, XLV, LII, LXIV, LXXI
nido I
nieve XXV
niño XLIV, LXX
Nixon XVIII
noche XIII, XXXIV, LVIII, LXXI
nocturno I
nombre IX, LXIV, LXV
norteamericano XVIII
noviembre XI
nubarrón IX
nube IV, VI, IX, XXVI, XXXII
números LXIV
nunca XX
oceanía LI
océano LI
ojos XXII, XXVII, LII, LIII, LXI
olas XXI, XLVIII, XLIX
olor XXIII, LI, LXI
olvido XXXIX, LX
orden XLVII, LIII
orgullo LIX
orina LI
ornitorrinco LVII
oro XVI, XIX, LXX, LXXIII
orquídeas LXXIII
oscuro XII, XVII, XXXV
otoño XI, XVI, XVII, XLVII, XLVIII, LIV, LXXIII, LXXIV
oveja XL
Pablo Neruda XXXII
padre XLIII
paisaje XXII

pájaro I, XX, XXXIII, XXXV, XLVII, LXIII
palabra LXV, LXVI
pálido XV
palmeras LI
paloma VII, XXI, XL
palomar XL
pan II
panal LXVII
pantalones LXXIV
papel LXXII
paraguas XXXII
paredes LXX
Patagonia XIX
patria XIII
Paul Éluard XXVII
paz VII, LII
pedagogo XI
peligro XXXIX
peluqueros XLVIII
pensamientos LXIX
pequeños VIII
peral V
perros XXXVI
Petrarca X
pez XXXIII, XXXV, LIII, LXV
pez volador XXIII
picaflor XLVII
picotazos LIV
piel LXXI
pistilos VI
planetas LVII, LVIII
plantas XLIII
platería LXV
plumas XXXI
pobres XXVIII, XXX
poesía X, LXI
polacos X
polvo LXII
pradera XLVIII
preguntas VIII

preso XXIV, LXXI
primavera II, XV, XVII, XXXVIII,
    XLI, XLVI, LIV, LXXII
proezas XX
profesor VII
propaganda XVIII
puertas LIX
pulga XII, LXIII
pulpo LII
puñal XXVI
pústulas LIII
quebranto LIII
quemaduras XXVIII
queso XX
racimo XVIII, XLVI
raíces III, XLI, LXXII
ramajes LXXIV
ramales LII
ranuras LV
razón XLIX
recuerdos XXX, XLV
redes XXXIII
reina de Saba XXXII
relámpagos XI
remordimientos III
ricos XXX
Rimbaud XXX
rinoceronte XLI
ríos VIII, XXXIV, LXV, LXIX, LXXII
risa XXXIX
roca XLIX, L
rocío IV
ropa LXIV
rosa III, XII, LXXIV
rosal XXVII, LXIV
Rubén Darío XXX
rubíes XIV
ruedas XXXI
rumor XXII
saco I, IX
sal XIII, XVI, LXII, LXXII

salvajes XLVIII
sandía XIX
sangre X, XXXII, LXX
sangrienta XXXIX
sargentos literarios XII
seda XXV, XXXIX
semanas XXIII
semilla LX
senador XXVI
senos XLVIII
serpiente LXV
siempre XLII, LXI, LXXII
sílaba LXV, LXVI
silabaria LXVII
simetría XLVII
simpático XXXIII
sinrazón XLVII
sirenas IV, XX, XLVIII
sobrino XXVI
sol I, VI, IX, XIII, XXIX, XXXIII,
    XXXVIII, LXXIII
soldados LXVIII
solemne XXVI
sombra VI
sombrero VI, X
soneto X
sueño XVI, XXVIII, XXX, XLIII
suicidas XLII
sustancias peligrosas XXXV
tarde VII, XX
temblor LXXIV
temprano LVIII
territorio XIX
tiburón IV, LIII
tiempo XLIV, LVI, LXVII
tierra XIV, XVI, XXIX, XLI, LVI,
    LXIX, LXXIII, LXXIV
tinta XII
tonto XXXII
topos LV
torre XVI

torta IX, XXVI
tortuga V, XXXVII, LV, LXIII
trabajo forzado LXX
traducción LXIII
traje XXXIV
trampa L
transparente VII, XVII
tren III, XXVII
triángulos XXXV
tribunal LX
tricolor XXX, LII
trigo LXXIII
triste III
tristeza VIII, XXIX, XL
túnel XXXV
universo LXXIV
uvas XVIII, XXXIV, XLVI
vaca XVII
vapor LXVI
veleros LXV
Venezuela XXI
venganza LXIX
ventana LXVII
verdad LVIII
verde XV, XIX, XXX, L, LVIII
vergüenza XXVII
vestido III, XV, LXII
Victor Hugo XXX
vida XXXII, XXXV
viejo VI, XXVIII
viernes XIV
viñas XLII
violeta XIV, XXIII, XXX
virtudes XXXIV
vivir II, XVIII, LIX
vocales LXV
vodka XI
volcanes VIII, LXIX
voluptuosos XIII
voz XXXVI
vuelo XLV

¿Quién sabe algo del amarillo?

Pablo Neruda escribió a lo largo de su vida un número infinito de poemas dedicados a cada persona, animal, mineral y cosa que puebla el universo. Y después de su muerte siguieron apareciendo poemas que se convirtieron en más libros, por si aún faltaba alguien a quien cantar. De todos esos libros últimos este *Libro de las preguntas* es uno de los más singulares. Lo publicó por vez primera la editorial argentina Losada el año 1974; en España la primera edición la hizo Seix Barral en 1977.

Según algunos comentaristas, el libro es una especie de testamento poético donde la mirada sorprendida del niño convive con la del hombre sabio. Según otros, supone un reencuentro del poeta con algunos entusiasmos tempranos: las lunerías de Lorca, las greguerías de Ramón Gómez de la Serna y las chifladuras vanguardistas. Otro comentarista destaca la influencia de la filosofía oriental y señala la relación de estos versos con el haiku y el pensamiento Zen. Un lector perspicaz apunta en cambio al *Libro de Job* como el más probable modelo.

De Lorca, que fue un amigo muy querido, Neruda admiraba su alegría contagiosa, así como su compromiso y su fervor por todas las cosas. Como no podía ser menos, le dedicó una *Oda* y, según cuenta en sus memorias, un día que la recitó en un escenario alguien del público le hizo esta pregunta:

> – ¿Por qué dice usted en la «Oda a Federico» que por él «pintan de azul los hospitales»?

Seguramente Neruda hubiera preferido mandarlo a paseo con toda cordialidad, pero por la razón que sea le dio una respuesta:

Para mí el color azul es el más bello de los colores. Tiene la implicación del espacio humano, como la bóveda celeste, hacia la libertad y la alegría. La presencia de Federico, su magia personal, imponían una atmósfera de júbilo a su alrededor. Mi verso probablemente quiere decir que incluso los hospitales, incluso la tristeza de los hospitales, podían transformarse bajo el hechizo de su influencia y verse convertidos de pronto en bellos edificios azules.

Si podemos leer el *Libro de las preguntas* no como se lee un poema de amor o un poema épico –de los que Neruda fue fabricante al por mayor– sino con la mezcla de atención y abandonamiento con que se mira un cuadro, descubriremos que el color predominante de esta obra escrita en el último año de su vida ya no es el azul, sino el amarillo. Y a pesar de que se cuela Quevedo por innumerables rendijas (o precisamente por eso), el amarillo no siempre significa decadencia, muerte y melancolía.

Sé que se hizo en Chile una edición del libro donde las preguntas del poeta eran respondidas por niños. Uno de ellos, a la pregunta «*Si se termina el amarillo, con qué vamos a hacer el pan?*» contestaba: «*Con azul y clara de huevo*». He oído hablar también de otro proyecto que premiaba las mejores respuestas de los lectores con una excursión a Valparaíso para visitar La Sebastiana, la última casa de Neruda. Resulta llamativo ese afán por encontrar soluciones a los interrogantes del poeta. Se diría que para muchos lectores este *Libro de las preguntas* no es sino un libro de acertijos con las respuestas al final. Y quizá, de alguna manera, haya algo de eso, sólo que en este caso el autor ofrece íntegra toda la parte del misterio y se guarda en el bolsillo la llave que nos permitiría pasar adentro. Si es que no la ha arrojado al mar.

En cualquier caso, resulta curioso saber qué pueden decir los niños sobre los checoeslovacos, sobre los rinocerontes o sobre Nixon. ¿Qué es lo que saben los niños? ¿No son ellos los que hacen siempre las preguntas? ¿Y no son los mayores los que no las contestan nunca? ¿Qué saben los niños sobre el color amarillo? Pero en fin, ¿quién sabe algo del amarillo? En la enciclopedia leemos:

El *amarillo* es el tercer color en orden decreciente de longitud de onda, en la escala de siete colores del espectro solar dada por Newton. Está comprendido entre el anaranjado y el verde. Su longitud de onda fluctúa entre 0,57 y 0,58μ.

Cualquier definición dada por un niño sería más acertada.

Nos ofrecieron este libro para nuestra colección de libros para niños y no estamos seguros de que sea un libro para niños. Sin embargo, tampoco parece un libro para mayores. Tal vez es un libro que el poeta escribió para sí mismo, o que escribió para nadie. Después de haber dedicado tantos poemas a todo el mundo, incluyendo el átomo, el hombre invisible, el caldillo de congrio y el serrucho, bien está ofrecer un libro completo a nadie. Afirman los comentaristas (por lo menos dos) que a partir de *Estravagario*, un libro de 1958, Neruda ensaya nuevos registros para su poesía; en parte como una evolución personal, y en parte siguiendo el ejemplo de los antipoemas del antipoeta Nicanor Parra. El poema de *Estravagario* titulado «Por boca cerrada entran las moscas» prefigura el tono y la forma del *Libro de las preguntas*. Tras desgranar su metafísico interrogatorio, el poeta concluye:

> Es tan poco lo que sabemos
> y tanto lo que presumimos
> y tan lentamente aprendemos,
> que preguntamos, y morimos.
> Mejor guardemos orgullo
> para la ciudad de los muertos
> en el día de los difuntos
> y allí cuando el viento recorra
> los huecos de tu calavera
> te revelará tanto enigma,
> susurrándote la verdad
> donde estuvieron tus orejas.

Isidro Ferrer, ilustrador de esta edición del *Libro de las preguntas*, trabaja indistintamente para mayores y para niños. Trabaja sobre todo para él, que es la forma de acertar siempre. O para el viento (sin que le importe el que se trate de un viento adulto o de un viento niño). No se ha conformado con dibujar limones allí donde el poeta ha escrito *limones*, y no ha figurado al ornitorrinco con su espacial indumentaria allí donde dice *el ornitorrinco con su espacial indumentaria*. En lugar de proponer respuestas imposibles a preguntas imposibles, Isidro ha perseguido el imposible máximo, que es convertir un libro de poemas en un teatrillo a medio camino entre La Barraca de Lorca y el circo de Calder. Neruda hace el papel de Neruda y también el de Capitán del Submarino Amarillo; Isidro representa todos los demás papeles.

Isidro se formó originariamente como actor y sabe lo que es ponerse delante del público con una calavera en la mano, y sabe lo que pican los disfraces y lo que es trazar líneas rectas mientras se viaja en carromato; conocimientos que han debido resultarle muy útiles para desempeñar con éxito su oficio de diseñador. También ha aprendido muchas cosas de los poetas. Y ha aprendido, como el propio Neruda, algunas cosas de los pájaros: sobre todo un lenguaje secreto, que es, según dicen, una forma de volar.

Según afirman todos sus comentaristas, y tal como se puede comprobar en este libro, el imaginario poético de Isidro está emparentado con el de Neruda y sobrevuela las lunerías de Lorca, las greguerías de Ramón Gómez de la Serna y las chifladuras vanguardistas que van del Cabaret Voltaire hasta el mago Brossa. Su Isla Negra, sin embargo, no tiene mar, se encuentra en Huesca, y para poder traer la arena que aparece a la altura del poema XLIX se ha tenido que contratar, con gravoso dispendio para el editor, una caravana de camellos.

Herrín Hidalgo

PABLO NERUDA

Pablo Neruda era muy feo. Tenía una nariz que sobresalía bastante de la cara y por eso no tenía amigos. Para no aburrirse le dio por escribir poesías y escribió tantas que llenó todos los papeles que tenía en su casa. Cada vez que veía un papel escribía una poesía. Y cuando no le cabían en su casa tuvo que irse a vivir a la calle y entonces conoció a una mujer y se enamoraron. Como no tenían para comer Pablo vendió todas sus poesías, pero sólo le dieron 1 euro por todas. Cuando se gastaron el dinero tuvieron que ponerse a buscar trabajo. Los dos encontraron trabajo en un barco, pero en barcos distintos, y viajaron por los mares durante muchos años y nunca más se encontraron. Miguel Ángel Mouriño, 9 años

ISIDRO FERRER

Isidro Ferrer es el más pequeño de una familia de 20 hermanos. Como sólo medía 30 centímetros de alto nadie se fijaba en él y no le daban de comer. Tenía que luchar con los ratones para comer un trozo de queso. Al final se cansó de comer sólo queso y se fue de su casa. Entonces se metió en un barco sin que le vieran y dio la vuelta al mundo varias veces. Pero era un barco de soldados y tenía que hacerse soldado. Eso no le gustó. Entonces se hizo escultor y le dejaron seguir en el barco y dieron más vueltas al mundo. Isidro usó toda la madera del barco para hacer sus esculturas que eran cada vez más bonitas y más grandes y al final ya no hubo barco para seguir y entonces hizo una exposición. Belén Barber, 7 años

Aquí tenía que ir un colofón que iba a hablar de la muerte de Neruda, hoy hace 33 años, y del sangriento golpe de estado que apenas diez días antes derrocó en Chile al gobierno de Salvador Allende. Sin embargo, a punto de cerrar la edición, hemos recibido esta oda escrita por una niña amiga y dedicada al papel con que se ha confeccionado el libro y no nos hemos resistido a reproducirla.

LOS EDITORES

Oda al Gardapat de 135 gr

Un camión espectacular
va por la carretera
cargado con papel Gardapat
para hacer este libro
    A 100 por hora va
    tocando la bocina
    entre Islamabad y Pinto
        Apartad coches
        porque llega el Gardapat
        de 135 gramos
        Oh montaña con ruedas
        Cada hoja tuya pesa más
        que un pajarillo
De repente
el camión gira en una curva
peligrosísima
pero el papel no lo sabe
           Multiplica 100 por hora
           por 135 gramos
           y sabrás cómo quedó el techo
           de un autobús de pasajeros
           Oh papel Gardapat
           Por suerte todos se salvaron
           y podrán leer tu libro
           de las preguntas
           en los mullidos sillones
           del hospital
                Oh Gardapat tan resistente
                No te manchaste ni nada
La gente podrá verte
dentro de 100 años
Te transportarán en cohetes
de una galaxia a otra por carreteras
sin curvas
En cambio el papel amarillo
se llama Nettuno Pompelmo
de 140 gramos

Julia Trénor (12 años)